Alhajas

Hilario Barrero

Alhajas

Antología de poetas toledanos menores

L IMPRONTA

1.ª edición: diciembre 2024

© Hilario Barrero

© IMPRONTA
    Cura Sama, 8, 4.º
    33202 GIJÓN / XIXÓN
    info@improntaeditorial.com
    improntaeditorial.com
    Tfno. 985 09 83 42

Compaginación: Marina Lobo

Cubierta y viñetas: Hilario Barrero

ISBN 978-84-129203-6-9
DL AS 02482-2024

Gráficas Apel

Me pide el director de *Cuadernos de humo* unas palabras preliminares para esta antología de poetas menores nacidos o vinculados con Toledo. Diremos de entrada que *Alhaja* es una joya, título que brilla, sustantivo exclamativo usado en la ciudad Imperial como piropo de algo valioso. Estos poetas son aderezos de la poesía toledana. Sobra a todas luces el subtítulo. No hay tal cosa como un poeta menor, solo hay críticos y lectores menores que no aprecian la misteriosa fuerza de la poesía y solo destacan la hojarasca y olvidan la belleza. *Differentiates between a major poet, one who writes serious verse and a minor poet, who writes light verse…* Tal vez «ligeros» sería mejor adjetivo que «menores».

Olvida el antólogo incluir a varios poetas toledanos, especialmente a don Heraclio Bastos, autor de una ingeniosa obra cantando a la baraja española en lustrosos sonetos. O a Helena Bai, un poeta travestí que hizo su carrera en *El molino rojo* y terminó sus días de ayudante de cámara del rey.

He sentido una honda melancolía al leer las biografías y los poemas y pensar en las ilusiones ahogadas, en el laurel desperdiciado y en tanto olvido. Y he recordado el poema «Poeta menor», de Stephen Vicent Benét:

I am a shell. From me you shall not hear
The splendid tramplings of insistent drums,
The orbed gold of the viol's voice that comes,
Heavy with radiance, languorous and clear.
Yet, if you hold me close against the ear,
A dim, far whisper rises clamorously,
The thunderous beat and passion of the sea,
The slow surge of the tides that drown the mere.

(Soy una concha. No escucharás de mí
los espléndidos sonidos de insistentes tambores,
el oro curvado de la voz de la viola que llega,
radiante, lánguida y clara.
Sin embargo, si me mantienes cerca de tu oído,
un débil, lejano murmullo asciende clamorosamente,
el estruendoso latido y la pasión del mar,
el lento crecer de las olas que ahogan la ría…)

Alhajas, un delicado cofre que guarda dieciséis piedras preciosas.

J. N.

Alhajas

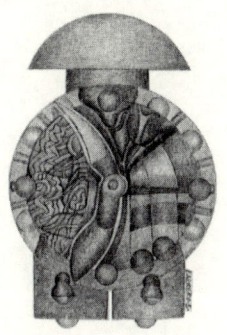

Hernán Brezo
(1513-1562)

Toledano de la Plaza del Conde

Cuando supo que su nombre, de origen germano, significaba atrevido y bravo, se quedó todavía más apesadumbrado de lo que normalmente estaba. Hernán Brezo nació en la Plaza del Conde, en el Palacio de los condes de Fuensalida, donde su padre era secretario de la reina. En sus memorias, escritas en latín, Hernán cuenta la historia de Isabel de Portugal, la esposa de Carlos V, una de las mujeres más bellas de Europa, retratada por Tiziano. Murió en el palacio y la llevaron a enterrar a Granada. Acompañó al féretro el joven Francisco, que estaba al servicio de la reina. Al llegar a la capital andaluza y ver el cuerpo descompuesto de su señora, el que llegaría a ser San Francisco de Borja exclamó: «Nunca volveré a servir a señor que se me pueda morir». Este suceso dejó a Hernán conmovido y se retiró al Monasterio de San Juan de los Reyes a servir a un rey que viviera eternamente. Hildebrando de Toledo cuenta que Fray Hernán tenía arrebatos místicos y cada Viernes Santo se le reproducían las llagas de Cristo. No fue canonizado porque los médicos de la Inquisición encontraron tatuado en su cuerpo las iniciales JN, el número 7 y, en tinta roja y con letra gótica, la frase «razón de amor». Entre sus papeles encontraron también un librito titulado *Siete sonetos* que perteneció al segundo marido de la duquesa de Alba, quien lo tenía en gran estima. Antes de morir lo cedió al Departamento de *Gender Studies* de la Universidad de Princeton, donde un alumno está haciendo su tesis doctoral.

Herido estoy de gozo y de sosiego
y mi sombra te espera enamorada,
herido estoy de muerte por la almohada
que me puso la sangre como el fuego.

Espero que comprendas que no juego
a la muerte de amar en madrugada,
que la carne de nuevo es convocada
a la sombra del árbol que yo riego.

Que te quiero perenne y como río
dando razón de amor a mi sonrisa,
afluente tu cuerpo junto al mío.

Ni siquiera la muerte ni la prisa
podrán quitar a la esperanza el brío
que pones a mi cuerpo sin camisa.

Hernando Baldecaleros de Toledo

(1550-1599)

NADA

Me encuentro con este soneto de Hernando Balde-caleros de Toledo, capitán español y poeta del siglo XVI, citado en la obra de Luis Moreno Nieto *Los Toledos del mundo.* Don Francisco Trasrico, en un ensayo titulado «El soneto está rabioso o no lo está», publicado en *Los papeles de Sor Armanda,* demuestra que lo pudo escribir Lope o Calderón, aunque no descarta que fuera obra de Quevedo. Aprovecha en un pie de página para hablar de El Cid y del poyete en el que doña Jimena perdió la virginidad y criticar a «esos escritores que escriben de todo sin saber de nada».

¿Para salvar la esencia de la rosa
o echarle leña al fuego de la vida?
¿Para hurgar en la llaga y en la herida
o dejar el amor en cualquier cosa?

¿Para frenar la sombra avariciosa
que persigue a la luz desprevenida?

¿Para, tal vez, cerrarle la salida
a la muerte que avanza silenciosa?

Un poeta le cambia la postura
al agua, al sol, al pájaro y al viento
y los viste con túnica prestada.

Y aunque lo llena todo de hermosura
con el cristal sonoro de su acento
un poeta no sirve para nada.

HÉRCULES DE BARGAS
(1599-1654)

AMOR FLORIDO

Fue canónigo penitenciario de la Santa Iglesia Catedral Primada y amigo de la princesa de Éboli. Escribió un auto sacramental, a la manera de Calderón de la Barca, titulado *El narciso más hermoso*, representado en el pórtico de la catedral en una fiesta del Corpus Christi, y algunos sonetos de carácter místico. Copio este, atribuido a De Bargas por un cronista local, por ser muestra de otro tipo de misticismo. He tenido dificultad al transcribir la palabra «sesenta». La segunda ese, con un rabo florido, podría ser una te. Cambien los sesenta por los setenta, los ochenta y los noventa…

¿Enamorado a los sesenta años?
¿No llega usted cansado y con retraso,
no le duele el amor, no sabe acaso
que un viejo solo espera desengaños?

Desengaños, congojas y mil daños,
cheques al portador, farsa y fracaso,

apaciguar la sed de un solo vaso,
vestir la desnudez con buenos paños.

No olvide que el aliento a los sesenta
es una nube sucia, huele a enero
y la lengua no sabe como antes.

Deje de perseguir a ese cordero
con cuerpo de clavel, jazmín y menta,
ahora es tiempo de chulos, no de amantes.

Sor Hortensia Barrenechea

(1792 – 1858)

ENTRE TERESA Y JUAN

Nació en Éibar y murió en Calzada de Oropesa. De familia vasca originaria de Guipúzcoa, Herminia llegó a Toledo a los seis años, cuando su padre, don Dámaso Barrenechea y Durango, fue trasladado a la ciudad imperial. Recibió una educación esmerada y nada usual en aquella época. De muy joven se enamoró de un capitán de caballería, don Melchor Gutiérrez de la Rosa, que murió en la batalla de los Arapiles en 1812. Desesperada por su irreparable pérdida, Hortensia profesó en el Convento de Agustinas Recoletas de Calzada de Oropesa (Toledo), donde murió en olor de santidad. Escribió un libro de poemas místicos, *Lámpara votiva,* publicado por la editorial Lux Perpetua en 1836, con licencia eclesiástica. Don José María Pemán, en una tercera de *ABC,* escribió: «La poesía de sor Hortensia nos acerca a Dios con la sencillez de su lenguaje casi teresiano y el ardor místico de San Juan de la Cruz».

Me postro ante tus pies grandes y griegos,
magníficos, preciosos, celestiales,
dos llamas encendidas, manantiales,
pies para amar, andar y mujeriegos.

Me acerco a ellos y me dejan ciegos
los ojos; de no ver siento ansiedades,
alegrías, remotas soledades,
pies de Cristo en la cruz fríos de fuegos.

Los miro, los contemplo, veo el hueso
que de mármol pregona el clasicismo
y nos da la noción de una medida…

Tiemblo, la lengua saco estremecida
pienso en la religión y el catecismo,
me inclino reverente y te los beso.

Helena Balbina de Haveze
(1860-1920)

LA HIJA DEL MAGISTRAL

Más conocida como «la hija del magistral», vivió a finales del XIX y a principios del XX. Poco se sabe de su vida. Nació en Bargas, su padre fue un canónigo de la catedral de Toledo, conoció a Carolina Coronado y a Bécquer y nunca se casó. Fue amiga íntima de la primera directora del penal de Ocaña, pionera en llevar pantalones y en fumar en público. Nuestra poetisa escribió poco. A su muerte, su íntima amiga publicó, en la Imprenta de la Editorial Católica, un opúsculo titulado (dicen que por don Marcelino Menéndez y Pelayo) *Libro del mal amor,* del que se conserva una copia en la Biblioteca de Abelardo Seville Linares. Este soneto lo hemos encontrado en un legajo guardado en la Biblioteca Central de Brooklyn que contiene dibujos y recortes de periódicos toledanos. Hay una frase escrita a lápiz que dice: «Sonetos de la Barrett Browning de Bargas. A gift from HB».

Ayer iluminaban nuestras cosas
reflejándose el sol en sus colores,
doce rosas de sangre, doce olores,
una docena de rebeldes rosas.

Hoy son sombras sus ramas silenciosas,
momias de soledad, hondos temblores,
perdidos paraísos de rumores,
doce osarios de polvo, doce fosas.

Ayer la rosa de tu madrugada
abrasaba mi cuerpo con su fuego,
una hoguera de amor en nuestras vidas.

Hoy mi herida te nombra enamorada,
doce rosas de gozo y de sosiego
dos docenas de rosas encendidas.

Herminia Barahona de Duarte
(1900-1980)

VIDA DE POETA

Toda su vida vivió como una poetisa, que era lo que ponía como profesión en las tarjetas de visita: sin dar ni golpe. Su gran espina fue el rechazo de la Academia toledana para admitirla en su seno «por no tener estudios». Ganó tres accésits en premios locales que la hicieron muy feliz: «la Flor de Consuegra, el Tomillo de Ajofrín y la Ortiga de Talavera». Hija del capitán de Infantería de la Academia militar de Toledo, don Jesús Barahona e Iglesias, nació en 1900, aunque ella afirmaba que fue en 1925, y murió en 1980 en el Hospitalito del Rey olvidada por todos; fue enterrada en la fosa común. Soltera, fumadora empedernida, de pelo corto, rodeada de quince gatos y amiga de Gloria Fuertes. Publicó cuatro libros en la Editorial Católica Toledana, todos ellos ilustrados por Enrique Vera, el gran pintor toledano. Curiosamente, el único catálogo en que aparece su primer libro, *Que tú bordaste en rojo ayer*, es en el de la Biblioteca de la Universidad de Columbia. En Toledo no hay rastro de su vida. Isabel Alamares, a la que debo el descubrimiento de nuestra poeta y de otros incluidos en esta antología, ha escrito un ensayo para la revista *Cuadernos de humo* destacando la «mirada animal» de Herminia. He elegido este soneto, perteneciente a su último libro *El gato del Greco* es de armiño, que don Gregorio Marañón tenía en un azulejo con forja de Julio Pascual en el porche del cigarral Los Dolores.

PD. - Alfredo Ramos de Talavera, joyero especialista en engarces, me comunica que ha encontrado este soneto, con unas variantes, que incluimos, en los dos últimos tercetos que, sin dudar, lo mejoran. Muchas gracias.

Un perro es una sombra que acompaña,
es un ruido continuo, es un ladrido
que te avisa, dos ojos y un latido,
un sonido que gime y que te araña.

Un perro es una isla, una montaña
que camina, un pastoso gemido,
ojos que te taladran sin sentido,
un silencio que crece y que te daña.

Gime, llora, se ríe y alborota
cuando lo dejas solo y regresas
y rompe con sus saltos tu mesura.

Es un ovillo loco, la pelota
que abrazas, desenredas y deshuesas,
una madeja llena de hermosura.

Hilda Betancourt
(¿1900? -1980)

AGUACATES Y MANGOS

Nació en un país de Hispanoamérica y llegó a Toledo cuando acababa de cumplir quince años. Su padre abrió en la calle de Santo Tomé una tienda de ultramarinos que luego se convirtió en una cadena llamada Mantequerías Betancourt. Fue el primero que vendió mate, aguacates y mangos en Castilla la Nueva y la Vieja y parte de La Mancha. (Solo en la que vivió Don Quijote). Más que por su poesía, que era prosa cortada con las tijeras de la arbitrariedad, Hildita destacó por su belleza y generosa entrega a políticos, algunos clérigos (en concreto a un franciscano) y militares de la Ciudad Imperial. Un poeta famoso le compuso un poema, dicen que como regalo de una noche «de poesía», titulado «Yo no nací sino para j---», que naturalmente fue prohibido por el cardenal Pla i Deniel. Una editorial local, Melibea, creada por un artesano analfabeto y astuto, publicó un librito titulado *Los versos más tristes de esta noche,* que el editor presentó a un concurso local creado por él mismo. El primer premio fue para el hijo del alcalde, Hortensio Blancaflor, con un poemario titulado *Tatuaje, el baúl de la Piquer*. El de Hilda quedó finalista. El editor aprovechó la ocasión poniendo una franja de color rosa alrededor del libro: «Finalista en el Premio Internacional de Olías de la Reina». A los cincuenta años Hilda Bentacourt se casó con el jefe de la estación. Poco después el marido fue destinado a Albacete, donde murió de una angina de aburrimiento. Todavía algunos viejos del lugar recuerdan la voz cantarina y el contoneo de cintura de la «Alfonsina Storni de Toledo», como un académico, con el que al parecer tuvo una sesión, llamó a la poeta en la presentación que hizo del libro en el club *El farolillo rojo*, de Olías de la Reina. Nos satisface publicar este poema inédito atribuido a HB. Se lo debo a la investigadora Petra de los Stickers, de la Universidad de Princeton, que está trabajando en un libro sobre poetas menores en la vida y mayores en la cama. Sobre él ha escrito: «Poema de significado verbal florido y de significante arquitectónico, con versos como arbotantes que se relacionan con la poesía de la experiencia erótica y de partido». Cosas de los investigadores.

La mitad de mi vida compartida con tu vida.
Media vida que son muchas vidas, muchas esperas en
la claridad de la ventana
y en la oscuridad de la alcoba, muchos silencios llenos
de palabras,
caricias con exclamaciones, olores en gris caligrafía,
sueños reales llenos de rostros y nombres, ciudades
nocturnas, lluviosas,
otoñales con olor a uva y a membrillo, olvidos
redondos, maduros y
punzantes,
cuerpos amados en la cama redonda del alba llenos de
polvo,
ceniza y nada, cuerpos llenos de peso y fuego, la sangre
conquistada, el amor crecido,
luminoso de colonia y jabones, tus ojos, los ojos de tus
ojos abarrotados de palomas,
la noche con noticias, ruidos y secretos y este año que
nos parte la vida en dos,
y la dobla guardándola en un pañuelo con iniciales
que la oscuridad bordó y nadie entiende.
La mitad de una vida que son la tuya y la mía.

Hugh Barkington-Fitzpatrick
(1900-1941)

VIAJE A ANDALUCÍA

Nació en Guilford (Surrey) en 1900, miembro de una familia con negocios vinícolas en la provincia de Cádiz; terminada la Primera Guerra Mundial, Hugh viajó a Jerez, aprendió español y estudió enología. Su vocación eran la poesía y los caballos andaluces. Durante los años veinte residió en Toledo, donde publicó un librito de poemas en la editorial La Delenda. En 1940 viajó a Cádiz, y allí contrajo un tifus exantemático que lo llevó a la tumba. Está enterrado en el cementerio inglés de Málaga, cerca de la tumba del poeta Jorge Guillén. El soneto que copiamos a continuación lo hallamos en un ejemplar de la revista *The Monthly Mediterranean,* que se publicaba en Artà, Mallorca, recién acabada la Segunda Guerra Mundial. Según el profesor Medrano, en un estudio publicado en «Islas de lápices», anota que «se trata de un poema profético, en el que el autor presiente su temprana muerte».

La duda se pasea lentamente
recordándome siempre a cada paso
que de noche no duermo por si acaso
tengo que despertarme de repente.

Oigo voces, ladridos, veo un puente
que tengo que cruzar en el ocaso,
como quien llega a un sitio con retraso,
no conozco este ruido ni a esta gente.

Vienen a mi memoria en esta hora
los recuerdos felices, mi sonrisa,
el olor de la infancia y de mi suerte.

Siento mi vida que empezando ahora
parece que se acaba muy deprisa
oyendo la llamada de la muerte.

HÉCTOR BORDÓN
(1917-1997)

Y, TÚ, TAMBIÉN

Cuando fue a despedirse del Obispo Auxiliar, el prelado le preguntó con un tono melancólico: «Et, tu, Brute?» Al amanecer de la mañana siguiente, el Magistral de la Primada, abandonaba Toledo. Entre su poesía destacan: *Sonetos a la Virgen del Sagrario, Via crucis toledano, Cruces para la Cruzada* y una tesis doctoral sobre el cardenal Gomá. Don Héctor Bordón murió en Barcelona. Trabajó en la Editorial Herder en donde publicó bajo seudónimo otro libro de sonetos que dedicó a JN. Consuelo Almería, en un artículo publicado en *Hanáfora*, dice sobre «Escritura»: «Soneto de corte clásico con imaginería visceral y elementos lingüísticos de matiz místico que se bifurcan en connotaciones eróticas en donde dedo, corazón, costado y ojos concuerdan en planos oblicuos de culpabilidad con clave, llave, encerado y tiza».

Con mi dedo te escribo en tu costado
que te quiero y adivinas la clave
de su texto. Tu corazón lo sabe
y traduce su enigma enamorado.

Con mis ojos te escribo en tu encerado
que te quiero y me tiendes la llave,
mensaje de tu tiza en el que cabe
mi cuchillo de viento arrodillado.

Mi pulso tembloroso se serena
al descifrar tu amor en nuestras vidas,
incógnita cifrada en tu hermosura.

Navaja que me marca y me condena,
signo que me conforta en mis heridas,
hoja blanca que salva mi escritura.

Higinio Berruguete
(1921-1999)

CRONISTA

Las clases de literatura de don Higinio Berruguete, un hombre desabrido y arisco, eran la crónica de su vida como bibliotecario, como persona influyente, como hombre prestigioso en la ciudad, incluso como académico de la de Toledo. A veces también nos hablaba de Garcilaso. Cuando Franco lo recibió en El Pardo, la clase fue la narración detallada de la visita y de cómo el general estaba sentado detrás de una enorme ventana por la que entraba un chorro de luz que cegaba al visitante y envolvía al general en una nube que le daba un aire de espectro y de ser inalcanzable. El día en que saludó a la princesa Sofía en griego, nos habló de Homero. Ganó la Flor Natural de los Juegos Florales del Barro celebrados en Talavera, un hito en su vida de poeta. Publicó en la colección Paseo del tránsito, que dirigía la poetisa Eduarda Sarraceno, un opúsculo titulado *Poemas lóbregos*. Don Joaquín de Entrambasaguas, amigo y compañero de promoción de don Higinio, escribió una reseña elogiosa que se publicó en *Poesía española*, dirigida por García Nieto. El libro se presentó en un solemne acto, con la asistencia de las autoridades civiles y militares, en el Salón de Mesa. He encontrado un ejemplar en Amazon dedicado por don Higinio al escultor Victorio Macho. Publicamos, no sin dudas, este soneto inédito que hemos localizado en el Archivo Municipal del Ayuntamiento de la Ciudad Imperial. ¿Lo escribió el profesor Berruguete? Una placa borrosa y con adornos de excrementos de palomas recuerda la casa donde vivió. Poco queda de su obra, de su poder y de su autoridad. Nada de su ajetreada vida. Todo al final es combustible.

Todo cuerpo al final es comestible,
requemado sobre ascuas silenciosas,
envuelto en el perfume de las rosas,
la pasión espumante y combustible.

La belleza es un gesto imperceptible
como lo es el alma de las cosas,
imágenes sin lienzo, misteriosas,
un trazo inconsistente e irreversible.

Cuando el cuerpo se cubra con agravios,
la piel se te derrita en polvo y nada
y amanezca la luz con cal espesa,

no olvides que tuviste por los labios
el carbón de tu lengua enamorada.
No olvides que el amor es lo que pesa.

Humberto Borja
(1925-2005)

OLOR DE SANTIDAD

Murió en olor de santidad, una frase que, a este antólogo, cuando era un niño de fe, le hacía ver al difunto en una alcoba perfumada entre flores, nubes y ángeles. Humberto, más que un poeta, fue un famoso predicador que caminaba dando grandes zancadas y tenía una mandíbula saliente que le hacía cara de matón. Dedicó su vida a defender a los gitanos y a los pobres. La Editorial Católica le publicó *Sermones para un hombre común* y *Vía crucis de andar por casa,* que alcanzaron numerosas ediciones y se tradujeron al portugués. Eran famosos los ejercicios espirituales que daba a monjas, sacerdotes y jubilados. Cuando Juan Pablo II visitó Toledo, el padre Borja escribió un libro de poemas exaltando la figura del pontífice. Enterado este de las virtudes que adornaban al santo Humberto le quiso nombrar obispo *in partibus infidelibus,* pero este pidió humildemente a S. S. que le dejara seguir viviendo con los pobres. Escribió dos libros de poemas: *En el nombre de la luz,* publicado por Rialp, y *Hágase en mí según tu pala-*

bra, por Ediciones Paulinas. Donó su cuerpo a la Facultad de Medicina para que experimentaran con él y el día que murió las campanas de los conventos toledanos comenzaron a repicar a gloria y en la plaza de Zocodover florecieron los cuatro raquíticos árboles condenados a muerte desde el final de la Guerra Civil. Otro poeta menor, HB, conoció al padre Borja cuando fue destinado de coadjutor a la parroquia de Santo Tomé y recuerda que cuando le acompañaba tenía que ir literalmente corriendo para no perderle de vista. Este soneto, de título revelador y que se publicó en la revista *El ciervo,* es una de las pruebas que el abogado del diablo, Monseñor Rocoy, esgrime en contra de la beatificación del padre Humberto. Doy las gracias al Padre Mata Cana, Postulador de la Causa de Beatificación, por los datos que me ha ofrecido y por el ensayo que ha escrito sobre el soneto en el que ha visto «una metáfora por los doce apóstoles y la bajada del Espíritu Santo en Pentecostés».

Doce labios abiertos, doce rosas,
doce constelaciones encendidas,
doce dulces mirados, doce vidas,
doce tibias palabras amorosas.

Doce tiernas jornadas jubilosas,
doce breves respuestas, doce heridas,
doce viejas pasiones revividas,
doce signos de amor en nuestras cosas.

Cada rosa es un grito enamorado,
una razón de ser, una cadena,
rojas lenguas de fuego desbordado.

Cada rosa me salva y me condena
en mi jardín de soledad cercado,
doce rosas de vida, muerte y pena.

HELIODORO BUITRAGO
(1940-)

RyD

Colección RyD, Toletum tuvo un cierto renombre en los 40. En ella publicó García Nieto sus sonetos al Corpus Christi. Heliodoro Buitrago, que estaba muy orgulloso de que su nombre significara «don del sol», se veía oscurecido porque sus padres tenían un floreciente negocio de persianas. A pesar de ello RyD le publicó un libro de siete sonetos de amor. Cuando el librito estaba maquetado, la portada en un gris pálido con un desnudo pintado por Gregorio Prieto, el delegado de Información y Turismo, enterado de la publicación por uno de sus espías que acudía a la tertulia que Raimundo tenía en el Café español, aconsejó que se modificaran la portada y algunas metáforas, «sobre todo en los sonetos dos y siete». El periódico *El Alcázar* arremetió contra el libro, sin que el periodista lo hubiese leído, y *La Tribuna de Zocodover,* en un artículo escrito por el magistral de la Santa Iglesia Catedral Primada, Don Piliberto (que más tarde colgaría la sotana y se iría a vivir a Barcelona con el coadjutor de Talavera), dejó claro que «ya la portada incitaba al pecado y el título (que era lo único que el magistral conocía) era una avanzadilla en el camino de la moral y del orden patrio». El librito se quedó compuesto y sin novio y Heliodoro, que trabajaba en Hacienda, desilusionado, dejó la poesía y se fue a vivir al molino de Gregorio Prieto. El que esto escribe estuvo en el molino y tuvo la suerte de que Heliodoro le dejara fotocopiar el único ejemplar que existe. Hemos elegido uno de los siete sonetos. Hay que decir que el título de la colección respondía al libro de Cernuda, que le habían enviado al editor desde México en su primera edición y que siempre ocupó un lugar privilegiado en su corazón y en su estantería. A la muerte de Raimundo Díaz su biblioteca fue ofrecida a la Biblioteca de Toledo, que declinó la oferta «por problemas de presupuesto» y finalmente fue adquirida por el librero Balaguer quien, a su vez, la revendió a un librero de Sevilla. Dejamos por ahora sin revelar el nombre del librito, esperando poder ofrecer algún soneto más de Heliodoro Buitrago.

Me iré en un otoño de viaje
y seguirá mi corazón latiendo,
la camisa dormida, presintiendo
ese gesto desnudo de equipaje.

Aquí se quedará mudo el lenguaje
soterrado en la muerte, manteniendo
estos versos que ahora estoy midiendo
encajados a golpe de coraje.

Y aquí se quedará mi dulce espera
acribillada y seca por el muro,
inútil mi camisa en primavera.

Y será un matiz, un beso oscuro,
un sentir que la sangre se me muera
vencido ya el dolor, el hueso duro.

Honorio Bocángel
(1944-)

FRÍO AZUL

Recuerdo su rostro y su pelo revuelto, se llamaba Honorio Bocángel. Le publicaron dos poemas en *Garcilaso,* la revista del Instituto, y luego, el soneto que he logrado rescatar, en *Estilo,* una revista que se hacía en Toledo, en la que colaboraban escritores y artistas de la ciudad. Hoy, en esta tarde de septiembre áspera y hosca, me encuentro con la revista y con el recuerdo de Honorio, el muchacho que iba para poeta, retraído, que daba la vuelta a Toledo de madrugada y escribía poemas a golondrinas que le acompañaban en el verano. Cómo me gustaría saber qué fue de su vida, por dónde andará, si seguirá vivo o medio muerto. Me queda el recuerdo de este soneto que ahora que comienza el otoño me abrigará de la misma manera que a él le abrigaba el jersey azul con tres botones

Azul marino y con tres botones
el jersey del colegio, tiempo ido,
azul como la infancia del olvido,
escudo protector de mis amores.

Nuevamente me llena de ilusiones
mi corazón en paz y envejecido,
un exacto modelo, bien tejido,
amorosa armadura de pasiones.

Y se mezclan recuerdos que me hieren
en la aguja del cuerpo enamorado,
mientras la muerte lentamente teje.

Los sueños fueron sueños y ahora mueren
y aquel niño feliz está cansado…
pero tiene un jersey que le protege.

Heráclito Belvis y Díaz de la Cepa
(1944-1994)

AHORROS

Heráclito dejó de ser poeta, así lo anunció a sus amigos, cuando le nombraron director de la Caja de Ahorros y Monte de Piedad de Toledo. Hasta entonces había publicado tres opúsculos en la Editorial Gómez Menor y quedado finalista en los Juegos Florales en honor de la Virgen del Prado de Talavera de la Reina. Nació en 1944. Escribió tres sonetos; dos publicados en la hoja parroquial de Santos Justo y Pastor y este, en el programa de actos de la Feria y Fiestas de agosto de la Ciudad Imperial. Murió a los cincuenta años de un ataque cardiaco, dicen que en un burdel madrileño. Otros dicen que de una sobredosis de cocaína en una fiesta privada. (Agradezco a María Josefa Miñor de Melilla que me haya descubierto el soneto y me haya regalado el programa que guardaba su padre y que existía en el archivo municipal).

Sin quererlo se nos muere el vecino,
sin pensarlo la herida no se cierra,
la sangre no coagula, llueve tierra,
se confunde lo humano y lo divino.

Se bebe agua y se desprecia el vino,
dormimos en los pechos de la guerra,
muertos los guerrilleros en la sierra
una bala silencia mi destino.

Cuando domas la bestia de la pena,
controlando la sed de mi sequía,
haces brotar de mi afluente vida.

Me compras polvo para abrir la herida,
y al ser la salvación de mi condena
llenas mi soledad de muerte fría.

Homero Bricolaje
(1946-)

TATUAJE

El profesor Bricolaje nació en la Puebla de Montalbán en mayo de 1946, estudió el bachillerato en los maristas, se licenció en Filosofía y Letras en la universidad de Madrid y se doctoró con una tesis sobre «Tergiversación, ambigüedad y anfibología en *La Celestina*». Después de publicada la presentó en Toledo y en su pueblo natal donde le dedicaron una calle. Se casó con una compañera, especialista en Adrienne Rich, Ginsberg y Schuyler, y tuvieron dos hijos. Cuando en Toledo ganaron los socialistas le nombraron concejal de Cultura. Apoyado por la periodista y actriz Pepa Recuadro de la Coma, nombraron a Honorio Bocángel, el poeta del jersey azul, mantenedor de los Juegos Florales en honor del Corpus Christi. Don Homero invitó a Honorio a La Venta de Aires a comer perdices. Terminaron llamando a un taxi porque ninguno de los dos podía conducir. Se habían emborrachado. Y don Homero hizo al bueno de Honorio, que había escrito una oda al Santísimo Sacramento en octavas reales, algunas confidencias. Problemas conyugales, tendencias bisexuales y un súbito enamoramiento de alguien en uno de sus clandestinos viajes a Madrid. Honorio le confesó con cierto rubor que tenía un dragón tatuado en grutas prohibidas. Don Homero se empeñó en verlo y acabaron en un hotel de Sonseca donde Honorio con temblor le enseñó el tatuaje y un soneto que había escrito al dragón… Dos meses después, ante el escándalo de tirios y troyanos (y del cardenal primado), don Homero se fue a vivir con un oriental

Este dragón que tengo tatuado
que a veces es carbón, otras cuarcitas,
si se encrespa, se excita o se encabrita
puede escupir un líquido encantado.

Vive en la oscuridad de mi costado
tensándome la piel que se marchita.
Come sombras, su aliento es dinamita,
tiene fauces de lobo enamorado.

El tiempo borrará su colorido
y perderá la fuerza de su fuego
si me atrevo a salir del purgatorio.

Y ahora que está vivo y encendido,
que bufa y que resopla sin sosiego,
pienso que este dragón se llama Honorio.

Hanna Butterfly
(1947-)

CARA AL SOL

Nació en el barrio toledano de Las Covachuelas. Desde pequeña le gustaba jugar al fútbol con sus hermanos. Cuando tenía doce años la escogieron para depositar, el 20 de noviembre, una corona de laurel en un monumento al fundador de la Falange. Al acto asistió Pilar Sobrino de Orilla, jefa de la Sección Femenina. Doña Pilar vestía siempre con camisa azul y boina y fumaba *Ideales*. Su voz era como un trueno. Se interesó por la joven Hanna, que en realidad se llamaba Eufrasia, como su madre. Alumna aventajada, cuadro de honor, ganó premios de poesía y cuentos, y al acabar el bachillerato le concedieron una beca para ir a estudiar a Nueva York. Asistió en Brooklyn College a un curso de poesía dictado por Allen Ginsberg con el que hizo amistad. Regresó a Toledo con su *lover* y publicó un libro de poemas titulado «Aullidos en Prospect Park», firmado como Hanna Butterfly. En una entrevista a Radio Toledo explicaría que Hanna era un homenaje a su partner, quien era israelí y estaba emparentada con Ginsberg, y que el apellido era en recuerdo de *Madama*

Butterfly, la primera ópera que vio en el MET. Del libro *Aullidos en P.P.,* que su compañera, Elizabeth Cardinal, tradujo al inglés con el título *Allen's Howls,* y llegó a ser finalista del Pulitzer, hemos seleccionado este soneto. Un crítico y poeta de Consuegra, autor de un himno al azafrán, dijo: «Un soneto con parafernalia fascista y claves lésbicas. ¿Es un homenaje a doña Pilar o a Sor Juana Inés de la Cruz?».

Garza, pichón, paloma, corza mía:
manantial de agua clara, luz y fuego,
lucha, puñal, pasión, llanto y sosiego,
tu mirada cristal, melancolía

en el silencio de tu eucaristía,
río de libertad donde navego,
espiga de tu pan, desasosiego
de no poder beber de tu ambrosía.

Dame de nuevo, amor, tu azul camisa,
la boina roja, el sol y los luceros,
laurel, prisión, pistola y correaje.

Preparo el lubricante, ven deprisa,
desnúdate, tensemos los aceros,
estás necesitada de un masaje.

ÍNDICE

Se acabó
de imprimir este libro
el 12 de diciembre
de 2024.